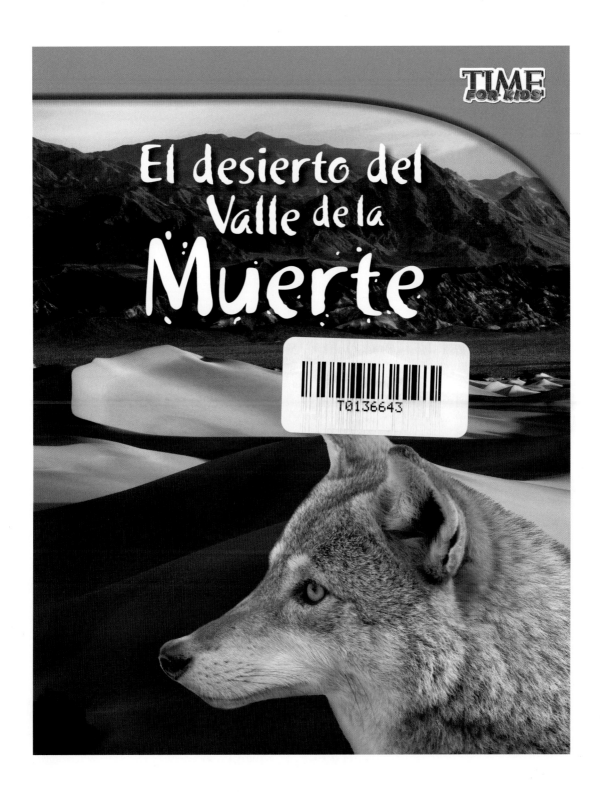

El desierto del Valle de la Muerte

William B. Rice

Asesores

Timothy Rasinski, Ph.D.
Kent State University

Dixie B. Lass
Geóloga certificada

Créditos

Dona Herweck Rice, *Gerente de redacción*

Robin Erickson, *Directora de diseño y producción*

Lee Aucoin, *Directora creativa*

Conni Medina, M.A.Ed., *Directora editorial*

Stephanie Reid, *Editora de fotos*

Rachelle Cracchiolo, M.S.Ed., *Editora comercial*

Teacher Created Materials

5301 Oceanus Drive
Huntington Beach, CA 92649-1030
http://www.tcmpub.com

ISBN 978-1-4333-4481-7

© 2012 Teacher Created Materials, Inc.
Printed in China
Nordica.082019.CA21901024

Tabla de contenido

¿Agua, por favor?

En el estado de California hay un **desierto** llamado Valle de la Muerte. Allí encontrarás lugares con nombres fatídicos, como cuenca *Badwater*, Cañón del ataúd (*Coffin Canyon*), Paso del muerto (*Deadman Pass*), Montañas funerales (*Funeral Mountains*) y Cañón del hambre (*Starvation Canyon*).

¿Te parece un buen lugar para ir de vacaciones?

BADWATER BASIN
282 FEET / 85.5 METERS
BELOW SEA LEVEL

De hecho, el Valle de la Muerte es un hermoso lugar para visitar. Está lleno de vida e interesantes paisajes. Es especialmente famoso por las flores silvestres que florecen en primavera.

Pero, ¿de dónde vienen los nombres del Valle de la Muerte? Las **condiciones** climáticas del desierto del Valle de la Muerte son muy duras. Es muy caliente y seco. Si alguna vez viajas al Valle de la Muerte, asegúrate de llevar mucha agua.

castilleja del desierto

El Valle de la Muerte florece

Las flores silvestres del Valle de la Muerte son una vista hermosa—si sabes cuándo encontrarlas. La tabla de abajo muestra los mejores tiempos para buscar flores silvestres.

5,000–11,000 pies de elevación
desde mayo hasta mediados de julio

3,000–5,000 pies de elevación
desde abril hasta mediados de mayo

Elevaciones bajas
mediados de febrero hasta mediados de abril

flores silvestres

Geografía y clima

El Valle de la Muerte está en el este del estado de California. Es un valle profundo, rodeado por altas montañas. Es el lugar de menor altitud de los Estados Unidos. De hecho, está a 230 pies bajo el **nivel del mar**.

El Valle de la Muerte es parte del área desértica del suroeste de los Estados Unidos. Los desiertos no reciben mucha lluvia. En el Valle de la Muerte caen menos de dos pulgadas de lluvia al año. No es mucho.

Pluviosidad anual

San Francisco

Los Ángeles

Valle de la Muerte

Lluvia en pulgadas

20
15
10
5
0

Lugar

Cuando hay poca lluvia, el suelo está seco la mayor parte del tiempo.

NEVADA

Parque Nacional
del Valle
de la Muerte

SIERRA NEVADA

CALIFORNIA

Valle de
la Muerte

CALIFORNIA

Océano Pacífico

N
O E
S

La mayoría de los desiertos son lugares calientes. En el verano, la temperatura en el Valle de la Muerte puede superar los 105°F durante el día. También es caluroso de noche. La temperatura en las noches es de unos 85°F.

Celsius

Fahrenheit

110° — — 140°
100° — — 130°
80° — — 120°
60° — — 110°
40° — — 100°
30° — — 80°
20° —
10° — — 60°
0° — — 40°
-10° — — 20°
-20° — — 0°
-30° — — -20°
-40° — — -40°

¿Qué tan caliente?

La temperatura más alta registrada en el Valle de la Muerte fue de 134°F. Esto es casi el doble de la temperatura promedio en Los Ángeles, California.

El suelo del Valle de la Muerte es bastante salado. Esto ocurre como consecuencia de la **evaporación**. Cuando el aire está caliente, toda el agua en la superficie de la tierra o cerca de ella se evapora. Las sales que estaban disueltas en el agua se acumulan. En algunas partes del Valle de la Muerte puedes encontrar el suelo cubierto de sal. La principal zona donde esto ocurre se conoce como **salina**.

En la salina puedes ver sal en el suelo, como lo demuestran estas fotografías.

Plantas

Todos los seres vivos necesitan agua para estar sanos. Como sabes, el Valle de la Muerte es un lugar seco, sin mucha agua. Entonces, ¿hay plantas en el Valle de la Muerte? Te sorprenderá saber que sí. Sin embargo, las plantas son pequeñas y crecen a gran distancia unas de otras.

¡Prepárate!

Las altas temperaturas, los animales peligrosos y la falta de agua hacen del desierto un lugar que podría ser peligroso. También es fácil perderte en el desierto, así que asegúrate de permanecer en grupo. Es importante estar preparado cuando viajas en el desierto. Asegúrate de siempre:

- Llevar mucha agua.
- Usar ropa que proteja tu piel del sol.
- Usar zapatos que te protejan.
- Evitar acciones que te hagan sudar.
- Alejarte de serpientes, arañas e insectos.
- Tener cuidado con los cactus.

Plantas resistentes

Las plantas desérticas necesitan sobrevivir condiciones duras. Deben **adaptarse** al medio ambiente.

El arbusto de creosota es una de las plantas más comunes en el Valle de la Muerte.

Protección de las plantas

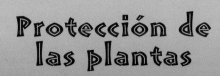

Las agujas protegen la planta de los animales sedientos.
Las hojas gruesas y cerosas guardan agua.
Las raíces profundas y largas buscan agua por debajo de la tierra.

Una de las plantas que vive en el Valle de la Muerte es la mata salada o cachiyuyo. Crece en las zonas más calientes y secas del desierto. Puede sobrevivir varias semanas, e incluso meses, sin agua.

Tal como sucede con las personas, a la mayoría de las plantas no les gusta el agua o la tierra saladas. La mata salada es una de las pocas plantas que prefieren agua y suelos salados. Sin embargo, hay lugares en el Valle de la Muerte, como la salina, que son demasiado salados hasta para la mata salada. En estas áreas no crecen plantas.

rosa de cacto

A menudo un cacto tendrá una flor como ésta. Aun en el duro desierto, las plantas pueden ser hermosas.

La planta conocida como hierba salada también habita en el Valle de la Muerte. Crece en zonas donde hay más agua en el suelo. La hierba salada necesita más agua que la mata salada. También prefiere climas más templados. Sin embargo, los lugares donde crece la hierba salada siguen siendo calurosos.

Lo extraño es que a la hierba salada le gusta el agua y el suelo salados. De todas las plantas que viven en el Valle de la Muerte, la hierba salada es la más resistente a la sal. De hecho, la hierba salada vive en el borde de la salina.

hierba salada

mata salada

Animales

Los animales también necesitan agua para vivir. Hay muchas especies de animales en el Valle de la Muerte. Todos beben de pequeños estanques de agua en el desierto.

Con frecuencia pueden verse borregos cimarrones en el Valle de la Muerte.

¡Cuidado!

Las tarántulas son grandes arañas peludas que pueden vivir 40 años. Son comunes en el Valle de la Muerte. Persiguen insectos o saltan sobre ellos para atraparlos y comerlos. Obtienen de sus presas parte de la humedad que necesitan.

tarántula

Uno de los animales más grandes que habita el Valle de la Muerte es el coyote. Los coyotes son como perros salvajes. Aúllan de noche y vagan por todo el Valle de la Muerte. Bajan a los valles y suben a las montañas. Incluso cruzan la salina, adonde no se aventuran otros animales.

coyote

Las zorras rojas del desierto que viven en el Valle de la Muerte son animales curiosos y amistosos. En ocasiones visitan a los campistas para mendigar alimentos.

zorras rojas del desierto

rata canguro

Ratas canguro

La rata canguro es otro de los animales que vive en los desiertos. Las ratas canguro son muy parecidas a los ratones, pero tienen largas patas traseras y saltan como canguros al correr.

Los escorpiones son animales similares a las arañas. Tienen ocho patas, pero dos de ellas en realidad son tenazas. Usan las tenazas para atrapar insectos y comerlos. Los escorpiones también tienen una larga cola con un aguijón. Lo usan para picar insectos y animales, ¡e incluso a personas!

Insectos brillantes

Los escorpiones brillan si los iluminas con una luz especial, llamada **luz ultravioleta**.

Lagartos cornudos

El extraño lagarto cornudo también es común en el Valle de la Muerte. Tiene cuernos en la parte trasera de la cabeza, en el mentón y en los costados y el dorso del cuerpo.

El crótalo cornudo es una serpiente. Vive en zonas desérticas, como el Valle de la Muerte. El crótalo cornudo no repta por el suelo como otras serpientes. Tuerce el cuerpo en forma de *S* y se arrastra lateralmente por el suelo. Sólo dos o tres partes del cuerpo están en contacto con el suelo al mismo tiempo. Se desplaza así porque el suelo desértico por lo general es muy caliente. Este tipo de movimiento evita que el vientre de la serpiente se caliente demasiado. Además, es más fácil desplazarse así por las arenas del desierto.

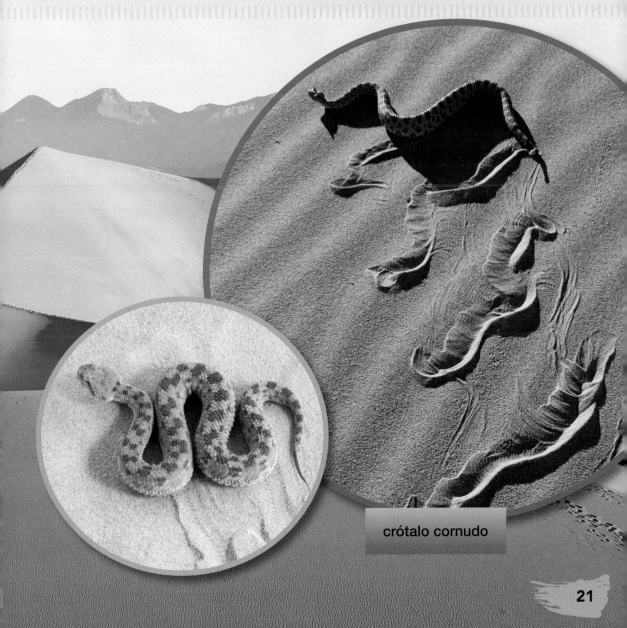

crótalo cornudo

21

Aunque no lo creas, hay peces que viven en el Valle de la Muerte. Estos peces se llaman pupos del desierto. Los pupos llegan a tener hasta tres pulgadas de largo. Viven en **ciénagas** y pequeños estanques formados por manantiales de agua. Estas ciénagas y estanques son muy salados, como el mar. No obstante, los pupos tienen la resistencia suficiente para vivir en ellos.

pupo del desierto

Buitres de cabeza roja

Los buitres de cabeza roja o auras gallipavos son comunes en el Valle de la Muerte. Son aves muy grandes. Los buitres de cabeza roja adultos tienen una **envergadura** de seis pies. No tienen plumas en la cabeza.

En el Valle de la Muerte viven muchas especies de aves. Una de ellas es el correcaminos. Los correcaminos adultos miden unos dos pies desde la cabeza hasta la punta de la cola. Los correcaminos pueden volar, pero prefieren caminar y correr por el suelo. ¡Y corren muy rápido! Los correcaminos son tan rápidos que pueden atrapar víboras de cascabel. Son tan veloces que pueden atrapar colibrís y libélulas en el aire.

Codornices

Las codornices son comunes en el Valle de la Muerte. Puedes distinguirlas por su penacho o las plumas en la cabeza. Las crías de codorniz siguen a su madre formando una fila. Parece que están desfilando.

codorniz

un correcaminos comiéndose una lagartija

La gente del Valle de la Muerte

Los indígenas americanos llegaron al Valle de la Muerte hace muchos años. Sin embargo, no vivían allí todo el año. En ocasiones acampaban y cazaban. A veces no entraban en el Valle de la Muerte durante muchos años.

Hoy en día puedes encontrar restos de puntas de flecha y de lanza y trocitos de piezas de barro.

El siguiente grupo de personas que llegó al Valle de la Muerte iba en busca de oro, en 1849. Pero muchos de ellos no planearon bien el viaje. Muchas personas murieron en el Valle de la Muerte. Fue así como recibió su nombre.

Hasta donde sabemos, los indígenas americanos fueron los primeros en vivir en la región del Valle de la Muerte.

Estadounidenses del este del país llegaron al Valle de la Muerte con la esperanza de encontrar oro y enriquecerse.

Botellas de colores

Los **mineros** dejaron botellas de vidrio claro en el Valle de la Muerte. Con el paso de los años, los rayos del sol las volvieron moradas.

Más personas llegaron al Valle de la Muerte en 1881 para minar **bórax**. El bórax es una sustancia **química** utilizada para la limpieza y en la elaboración de varios productos. La gente recolectaba pedazos de bórax de la superficie o excavaba para obtenerlos. Después, empaquetaban el bórax y lo transportaban a la ciudad de Mojave. Se necesitaban muchas mulas para **transportar** el bórax.

Las mulas desempeñaban un papel importante en las operaciones mineras.

Contenedores de metal como éste se usaban para transportar bórax.

El castillo de Scotty es uno de los lugares más famosos del Valle de la Muerte. Es una casa construida en la década de 1920 por Albert Johnson. Fue bautizada así en honor de Walter Scott, un minero amigo de Johnson. La gente llamaba a Walter Scott "Scotty del Valle de la Muerte".

el castillo de Scotty

El Valle de la Muerte es famoso por su belleza. Para conservar su hermosura natural, fue declarado **monumento nacional** en 1933.

Más de un millón de personas visitan el Valle de la Muerte cada año para acampar y ver los paisajes y la vida silvestre. Quizá el próximo año ¡tú seas uno de esos visitantes!

Death Valley National Park

Homeland of the Timbisha Shoshone

Los parques nacionales

Los parques nacionales protegen ciertas áreas para las futuras generaciones.

Esta flor se convertirá en un fruto. Los humanos pueden comerse el fruto después de que se prepare cuidadosamente.

Glosario

adaptarse—cambiar para adecuarse a un uso, una situación o un medio ambiente nuevo o específico

bórax—una sustancia química que se utiliza principalmente para limpieza

ciénaga—una región de tierra que usualmente tiene suelo húmedo y blando y vegetación de pastos

condiciones—los estados de existencia, circunstancias

desierto—una región silvestre muy seca, sin mucha vegetación

envergadura—la distancia entre las puntas de las alas extendidas de un ave

evaporación—un cambio físico que ocurre cuando un líquido, como el agua, se transforma en vapor

luz ultravioleta—un tipo especial de luz o energía que la gente no puede ver

mineros—las personas quienes excavan la tierra en busca de oro u otros recursos de valor

monumento nacional—una región natural, edificio o sitio de interés histórico protegido por un país y conservado para que todos puedan estudiarlo y disfrutarlo

nivel del mar—la elevación habitual del agua en el mar

química—una sustancia natural con su propia combinación de moléculas

salina—una gran extensión de terreno plano con alto contenido de sal en la superficie de la tierra

transportar—arrastrar con esfuerzo

Índice

Acerca del autor

William Rice creció en Pomona, California, y se graduó en la Universidad Estatal de Idaho con un título en geología. Trabaja en un organismo estatal de California que se esfuerza por proteger la calidad de los recursos de agua superficiales y bajo tierra. Para William es importante proteger y preservar el medio ambiente. Es casado, tiene dos hijos y vive en el sur de California.